Barbara Eisenbarth

Blumen

Barbara Eisenbarth

Blumen

Schritt-für-Schritt-Anleitungen
Übungs- und Lernprogramm
Auf Blumenmalerei abgestimmt

Augustus Verlag

Arbeitsmaterial/ Grundausstattung

Bei der Auswahl Ihres Arbeitsmaterials sollten Sie stets auf hervorragende Qualität achten, denn diese ist unter anderem für die Wirkung Ihrer Bilder mitbestimmend. Nur ein Pinsel bester Haarqualität mit feiner Spitze und guter Elastizität ermöglicht es Ihnen, feine und dünne Linien zu ziehen und schwungvolle Pinselstriche auszuführen. Bei der Wahl der Farben sollten Sie auf die Reinheit des Pigments und hohe Lichtechtheit achten. Bei minderer Qualität verändern sich die Farben nach einiger Zeit durch die Lichteinwirkung und können stumpf und trübe erscheinen. Auch allzu leichtes und schnell vergilbendes Papier sollte vermieden werden, da es erstens schlecht aufzuziehen ist – d. h. es ist schwierig, das fertige Bild glatt hinter ein Passepartout zu geben. Zweitens wird die Farbwirkung durch das Vergilben des Papiers des beeinträchtigt.

Barbara Eisenbarth

Blumen

Schritt-für-Schritt-Anleitungen
Übungs- und Lernprogramm
Auf Blumenmalerei abgestimmt

Augustus Verlag

Inhalt

Einführung — 7

Arbeitsmaterial / Grundausstattung — 8

Maltechniken — 10
    Lasurtechnik — 10
    Verlauftechnik — 12
    Naß-in-Naß-Technik — 14
    Granuliertechnik — 16
    Auswaschtechnik — 18
    Negativlasur — 20

Farbmischung — 22

Die Übungen — 24

    Taglilien — 24
    Kapuzinerkresse — 30
        Die Verwendung von Salz als Mischtechnik im nassen Bereich — 34
    Mohnblumen — 39
        Der fragmentierende Pinselstrich — 41
    Pusteblumen — 44
    Hibiskusblüten — 50
    Magnolien — 56

Spannen und Rahmen — 62

Register / Impressum — 64

Einführung

Die Darstellung von Blüten und Blättern bietet dem Hobbymaler eine Fülle von Möglichkeiten, Kenntnisse in der Aquarellmalerei zu erlangen, zu vertiefen und auszubauen, neue Techniken dieser Malart zu entdecken und anzuwenden.

Das Farbenspiel der Blumen reicht von leuchtend, brillant und kontrastreich bis zu feinen Abstufungen und zarter Transparenz. Macht man einen Spaziergang durch ein Farbenjahr im Blumengarten, so beginnt das Frühjahr mit zarten, frischen Gelbgrüntönen, klaren, kühlen Blautönen, kräftigem Gelb und intensiven Rottönen. Es ist als hätte die Natur die Farben frisch auf eine Palette gelegt.

Sie erscheinen überwiegend rein und unvermischt. Im Laufe des Blumenjahres verändern sich dann die Töne, vermischen sich, werden wärmer, weicher und erstrahlen im Herbst noch einmal in kräftigem Rotorange, Orange, Violett und Gelb, bis sie sich langsam zu Braun- und Olivgrüntönen wandeln. Mit dem Ende des Herbstes und dem Beginn des Winters tritt in der Flora in unseren Breiten eine Ruhepause ein. Doch dank der Fülle der Blumen und Topfpflanzen aus Gärtnereien und Treibhäusern kann man sich auch in dieser Zeit mit der Blumenmalerei beschäftigen.

Betrachtet man die Formen und Strukturen von Blüten, Blättern und Stielen, so entdeckt man, daß die Natur auch hier unzählige Variationen bietet. Das Spektrum reicht von einfachen klaren und schlichten Formen über fein strukturierte, filigran wirkende Blüten und Blätter bis hin zu prachtvoller und vielseitiger Formgebung.

Das genaue Studium dieser Vielzahl von Formen, von Aufbau und Bewegung der einzelnen Pflanzen gab sicherlich Anstoß zu Ideen im Rahmen der baulichen und technischen Entwicklung. Betrachtet man beispielsweise die Anordnung der Blütenblätter einer Artischocke, liegt der Vergleich mit einem wohlgedeckten Ziegeldach nahe. Und ähneln nicht die schwebenden Samen des Löwenzahns gleitenden Fallschirmen? Wer einmal die Fortbewegung von Samen des kleinen Wiesenhornklees betrachtet, erlebt fast ein Wunder. Dieser entwickelt sich zu kleinen Spiralen, die schon von einem Lufthauch in kreiselnden Bewegungen davongetragen werden. Viele solcher Wunder kann man erleben, wenn man Pflanzen genau betrachtet, sich an ihren Formen, Farben und ihrem Duft erfreut. Und rundum ist das intensive Beobachten eines Gegenstandes unbedingt notwendig, wenn man ihn malerisch wiedergeben will.

Leider ist es nicht immer möglich, direkt vor dem Objekt in der freien Natur zu malen. Hier bietet die Fotografie eine Erinnerungsstütze für Form und Farben des Gegenstandes. Das Malen nach Fotografien setzt meines Erachtens jedoch die genaue Kenntnis des Gegenstands voraus: Eine persönliche malerische Wiedergabe kann nur erfolgen, wenn man sich mit den Objekten auseinandergesetzt, sie erlebt und gefühlt hat. Daher sollte die Fotografie beim Malen nur als Gedankenstütze, niemals jedoch als Vorlage betrachtet werden. Aus diesem Grunde geht den Bildbeispielen dieses Übungsbuches, die Sie Schritt für Schritt nacharbeiten können, meist eine Bleistiftskizze voraus, in der Wissen und Gefühl in bezug auf die jeweilige Blume einfließen und verarbeitet werden. Auch kompositionelle Gründe sprechen für die Anfertigung einer Skizze, denn selbst bei noch so hervorragenden Fotografien kann es notwendig sein, daß die Anordnung von Formen und Farben aus bildnerischen Gründen verändert werden muß.

Bei allen Übungsschritten wünsche ich Ihnen viel Freude und Gelingen

Barbara Eisenbarth

Arbeitsmaterial/ Grundausstattung

Bei der Auswahl Ihres Arbeitsmaterials sollten Sie stets auf hervorragende Qualität achten, denn diese ist unter anderem für die Wirkung Ihrer Bilder mitbestimmend. Nur ein Pinsel bester Haarqualität mit feiner Spitze und guter Elastizität ermöglicht es Ihnen, feine und dünne Linien zu ziehen und schwungvolle Pinselstriche auszuführen. Bei der Wahl der Farben sollten Sie auf die Reinheit des Pigments und hohe Lichtechtheit achten. Bei minderer Qualität verändern sich die Farben nach einiger Zeit durch die Lichteinwirkung und können stumpf und trübe erscheinen. Auch allzu leichtes und schnell vergilbendes Papier sollte vermieden werden, da es erstens schlecht aufzuziehen ist – d. h. es ist schwierig, das fertige Bild glatt hinter ein Passepartout zu geben. Zweitens wird die Farbwirkung durch das Vergilben des Papiers des beeinträchtigt.

Eine gute Grundausstattung für die Aquarellmalerei sollte mindestens

aus zwei rundgebundenen *Rotmarderpinseln* der Größe 1 bis 3 und 7 bis 9 sowie aus einem *Rindshaarflachpinsel* von etwa 24 mm Breite bestehen.

Außerdem benötigen Sie: *gutes Aquarellpapier* mit einem Papiergewicht von mindestens 200 g, weitgehend nicht vergilbend (Aquarellpapiere sind in allseitig verleimten Blocks oder als Einzelblätter erhältlich; die Oberflächenstrukturen reichen von glatt bis extra rauh oder Torchon) sowie *Aquarellfarben* ebenfalls von guter Lichtechtheit (Aquarellfarben sind in Näpfchen und Tuben erhältlich).

Die in diesem Buch vorgestellten Bildbeispiele sind mit folgenden Farbenpaaren ausgeführt:

Rot — Echtrosa und Permanentrot 3
Gelb — Indischgelb und Echtgelb hell
Blau — Ultramarinblau feinst und Coelinblau.

Mit diesen drei Farbenpaaren ist es möglich, sämtliche benötigten Farbtöne auszumischen (siehe auch das im Augustus Verlag erschienene Buch »Aquarellmalerei für Einsteiger«, Kapitel »Farbmischungen«).
Die in den Übungen genannte Reihenfolge der jeweiligen Farben basiert auf deren Quantität. Um das Mischungsresultat zu erreichen, sollten Sie jeweils von der erstgenannten Farbe die größte Menge, von der zweiten eine geringere Menge und von der letztgenannten nur eine Spur verwenden.

Hinweis

Die angegebenen Bildformate sind nicht verbindlich. Sie sollten Ihnen eine Vorstellung von der Originalgröße des Aquarells und einen Annäherungswert für Ihr Bild vermitteln.

Maltechniken

Lasurtechnik

In der Aquarellmalerei unterscheidet man vier Haupttechniken:
- Lasur
- Verlauf
- Granulieren und
- Naß-in-Naß-Malerei

sowie zwei Nebentechniken:
- Negativlasur und
- Auswaschen.

Den folgenden Erläuterungen und Bildbeispielen zur Technik sollten Sie besondere Aufmerksamkeit widmen, da die Beherrschung des »Handwerks« der wichtigste Bestandteil der Malerei ist. Sie können Ihre Ideen nur dann wunschgemäß verwirklichen, wenn Ihnen der Umgang mit den unterschiedlichen Maltechniken vertraut ist. Dies erfordert mit Sicherheit einige Übung und Ausdauer.

Bei der Lasur werden stark verdünnte Farbschichten auf trockenes Papier aufgetragen. Dies kann flächig oder fleckenhaft erfolgen. Zu beachten ist, daß jede Farbschicht absolut durchgetrocknet sein muß, bevor weitere darübergelegt werden. Legt man die Lasur in nur einem Farbton an, so werden die Töne in feiner Abstufung dunkler, bis eine Farbsättigung erreicht ist. Wird die Lasur in aufeinanderfolgenden unterschiedlichen Farbtönen ausgeführt, entstehen optische Farbmischungen: Da die darunterliegenden Farbschichten nicht völlig abgedeckt werden schimmern sie durch und vermischen sich optisch mit den darauffolgenden Lasuren. Trägt man also beispielsweise auf eine blaue Lasur eine gelbe Schicht auf, so entsteht ein differenzierter Grünton; folgt darauf eine rote Lasur, ergibt sich ein irisierender Braunton.

Die Lasur kann für die Hintergrundgestaltung von Bildern Anwendung finden. Sie wird aber auch zur Ausarbeitung, Akzentuierung und Festigung von Bildern benutzt. Außerdem bietet sie die Möglichkeit, bereits gesetzte Farben optisch zu verändern, sie zu intensivieren, abzustumpfen oder farbliche Korrekturen vorzunehmen.

Verschiedenartige Lasurschichten ergeben die hier erzielten optischen Farbmischungen. Die fleckenhafte Arbeitsweise verleiht der Blüte einen lebhaften Charakter.

> **Merke**
>
> Die Lasur ist eine stark verdünnte Farbschicht, die auf trockenem Untergrund aufgetragen wird. Sie kann in einem einheitlichen Farbton oder in unterschiedlichen Farbschichten angelegt werden.

Lasurtechnik

Durch unterschiedliche Lasurschichten entstehen optische Farbmischungen in großer Vielfalt. Beachten Sie die Kontrastwirkung der einzelnen Farbflecken, die Bewegung in das Bild bringen. Der Hintergrund ist mit leichten Lasuren ausgeführt.

Dieses Beispiel betont mit unterschiedlich starken Lasurschichten die differenzierten Farbtöne sowie die Räumlichkeit der Knospen.

Maltechniken

Verlauftechnik

Auch bei dieser Technik wird auf trockenem Papier gearbeitet. Allerdings werden mit dem Verlauf innerhalb einer Farbfläche weiche, fließende Übergänge von hoch gesättigter Farbe bis hin zu transparenten Farbspuren geschaffen. Dies geschieht, indem man der satten Farbe ständig etwas mehr Wasser zusetzt und die verschiedenen Verdünnungen übergangslos nebeneinanderstellt.

Mit der Verlauftechnik sind hier Licht und Schatten sowie die Räumlichkeit der Blüte dargestellt. Sie wirkt klar und ruhig.

Verlauftechnik

Der durch diese Technik entstehende Hell-Dunkel-Kontrast bringt die Gegenstände räumlich zur Wirkung: In einem Arbeitsgang können gleichzeitig Licht und Schatten dargestellt werden. Die Pinselbewegungen sollten dabei immer der Form oder Beschaffenheit des Gegenstandes folgen, d. h. senkrechte Striche für stehende Flächen – z. B. Mauern – waagrechte für die Ebene und kreisende für runde Gegenstände.

links:
Hier ist zu beobachten, wie sich mit unterschiedlicher Anordnung der intensiven oder dunklen Farbteile die Räumlichkeit verändert. Innerhalb der klaren Kontur der Blätter bestimmen weiche Farbverläufe die Formen.

Merke
Mit der Verlauftechnik entstehen fließende Übergänge von gesättigter Farbe bis hin zur Transparenz.

Ein klares, ruhiges Aquarell mit eindeutiger Herausarbeitung der Räumlichkeit.

Maltechniken

Naß-in-Naß-Technik

Der Farbengrund dieser Blüte ist in Naß-in-Naß-Technik ausgeführt. Nach dem Trocknen wurde sie mit fragmentierenden Pinselstrichen ausgearbeitet. Durch den Gegensatz zwischen weichen, verschwommenen Farbflächen und intensiven Linien entsteht Spannung.

Bei der Naß-in-Naß-Technik werden schnelle Pinselstriche auf vorher angefeuchtetes Papier gesetzt, wobei die Farbe ausfließt und sich an den Rändern verzahnt. Dies ist auf eine zeitlich bedingte Schwimmfähigkeit der Farbpigmente zurückzuführen.

Dazu sollte man wissen, daß bei Aquarellfarben jedes einzelne Farbpigment von einem Gummiarabicum-, Dextrin- oder Tragantmantel umhüllt ist. Diese Bindemittel bewirken die Schwimmfähigkeit, die Beweglichkeit der Farben. Erst wenn diese Transportmittel aufgesogen sind, setzt sich das Farbpigment und verbindet sich mit dem Papier.

Das sogenannte »Ausblühen« – so nennt man das Ausfließen und Verzahnen der Farbe – macht den Reiz der Naß-in-Naß-Technik aus. Wie weit die Farbe ausblüht, hängt vom Feuchtigkeitsgrad des Papiers ab.

14

Naß-in-Naß-Technik

Die schönsten Verzahnungen entstehen bei optimaler Aquarellfeuchte. Diese erreicht man, indem man mit waagrechten und senkrechten Pinselstrichen das Wasser gründlich in das Papier einmassiert und es kurz einziehen läßt. Dabei sollten aber auf keinen Fall Wasserpfützen auf dem Papier stehenbleiben.

Das Anfeuchten des Papiers kann statt mit klarem Wasser gleichfalls mit verdünnter Farbe vorgenommen werden, man erreicht dadurch mehr Farbkraft im Bild.

Die Naß-in-Naß-Technik ist hervorragend für die Gestaltung von Hintergründen und bewegtem Himmel geeignet. Mit ihr lassen sich Atmosphäre und geheimnisvolle Dunstschleier auf das Papier zaubern. Durch das Ineinanderfließen und Vermischen der Farben entsteht ein weicher Gesamteindruck.

links unten:
Wiederum ist der Farbengrund Naß-in-Naß angelegt. Äußerst lebhaft wirken die Blätter durch die unterschiedliche Ausarbeitung in Lasur- und Verlauftechnik.

rechts unten:
Weich und dennoch lebhaft wirken die Knospen in Naß-in-Naß-Technik, die genauen Formen kann man zum Teil nur erahnen.

Merke

Naß-in-Naß-Technik heißt: rasches Malen auf nassem Papier oder auf einer Farbschicht, die noch nicht trocken ist.

Maltechniken

Granuliertechnik

Bei der Granuliertechnik wird der Pinsel mit viel Farbe und wenig Wasser flach und leicht über die rauhe, trockene Papieroberfläche geführt. Dabei nehmen die erhabenen Stellen des Papiers Farbe auf, während die tiefer liegenden weiß bleiben. Die sichtbaren Pinselspuren bilden Strukturen, und es entsteht eine sogenannte Textur. Auf glattem Papier ist diese Technik kaum durchführbar. Je rauher die Papieroberfläche ist,

Granuliertechnik bewirkt starke Strukturierungen. Eine expressive und temperamentvolle Darstellung

16

Granuliertechnik

desto ausgeprägter fallen die Strukturen aus. Granuliert werden kann auf weißem Papier oder auf leicht abgetöntem Untergrund, der aber immer trocken sein muß.

Diese Technik ist für alle Bildgegenstände geeignet, die eine stark strukturierte Oberfläche haben, wie Baumstämme, genarbte Äste, rauhe Mauern und Holz. Bei etwas feiner gekörntem Papier kann durch Granulieren auf eine bereits vorhandene Farbschicht u. a. der samtige Charakter von Blüten und Blättern dargestellt werden. Die Papieroberfläche ist mitbestimmend für die Wirkung der Granuliertechnik.

unten links:
Die kontrastreichen Strukturen der Granuliertechnik bestimmen die Bewegung in dieser Darstellung. Es entsteht der Eindruck rasch fallender Blätter. Dies wird durch die schwungvolle Gestaltung des Hintergrunds noch verstärkt.

Merke

Granuliert wird auf trockenem, rauhem Papier mit viel Farbe, wenig Wasser und leichten Pinselstrichen.

oben rechts:
Kraftvoll und in starker Bewegung erscheinen die Knospen durch die Granuliertechnik.

Maltechniken

Auswaschtechnik

Die Auswaschtechnik ist eine der beiden Nebentechniken des Aquarells und hat sich aus der Naß-in-Naß-Malerei entwickelt. Bei dieser Mal-Art werden mit sauberem Wasser und dem Pinsel aus vorhandenen Farbflächen hellere Lichter, Konturen und Flächen »ausgewaschen«. Dabei bleibt immer ein Hauch der vorhandenen Farbe zurück.

Zur Durchführung benötigen Sie sauberes Wasser und einen reinen Pinsel. Da die ausgewaschenen Formen gerne etwas breiter geraten, sollten Sie einen feinen Pinsel benützen. Nässen Sie die Kontur oder Fläche, die ausgewaschen werden soll, mit dem Pinsel und sauberem Wasser an. Das Wasser muß kurz einwirken, um die Farbpigmente zu lösen. Dann saugen Sie mit einem sauberen, trockenen Pinsel die gelösten Pigmente vorsichtig auf. Dieser Vorgang muß gegebenenfalls mehrfach wiederholt werden.

Zu beachten ist, daß sich Blau-, Blaugrün-, Braun, Violett- und kräftige Rottöne leicht auswaschen lassen, während bei Gelb, Orange und Gelbgrün das Auswaschen etwas schwieriger wird. Auch der Trocknungsgrad oder die Intensität der Farbflächen spielen eine große Rolle: Gibt man

Unterschiedlich stark sind die Formen dieser Blüte ausgewaschen. Sie wirkt dadurch weich und wie hinter einem Dunstschleier verborgen.

Auswaschtechnik

auf noch sehr feuchte Farbflächen sauberes Wasser, so besitzen die Pigmente noch ihre Schwimmfähigkeit und werden »vertrieben«. Dabei entstehen relativ große Formen, an deren stark verzahnten Rändern sich die Farbe konzentriert. Im halbfeuchten Zustand kommt es zu leicht verschwommenen Konturen, während sich bei trockenem Farbengrund klare Linien und Flächen mit leicht dunklerem Rand bilden. – Bei satter, dunkler und intensiver Farbgebung ist die Wirkung dieser Technik ausgeprägter als bei hellerem Farbauftrag.

Da bei der Auswaschtechnik immer ein Hauch der vorhandenen Farbe zurückbleibt, entstehen weiche, räumlich wirkende Konturen und Flächen. Diese Malweise eignet sich u. a. hervorragend zur Darstellung weicher und flaumiger Gegenstände wie z. B. des Löwenzahnsamens oder von Baumwollblüten. Hier sollte das Auswaschen in nassen Zustand der Farbe erfolgen. Wäscht man im trockenen Zustand feine Blattrippen oder zarte Stiele aus, so gewinnen diese sub-tilen Charakter.

links:
Mit Auswaschtechnik wird hier der Eindruck vermittelt, daß die Blätter durch die Luft schweben oder auf der Wasseroberfläche schwimmen.

unten rechts:
Als wären die Formen der Knospen in der Dämmerung gerade noch zu erahnen: das ist hier die Wirkung der Auswaschtechnik.

Merke

Bei der Auswaschtechnik werden Konturen und Flächen mit sauberem Wasser und feinem Pinsel aus vorhandenen Farbfeldern ausgewaschen.

19

Maltechniken

Negativlasur

Die Negativlasur hat sich aus der Lasurtechnik entwickelt und wird immer dann benötigt, wenn weiße oder helle Gegenstände dargestellt werden oder wenn klar umrissene Flächen und Formen in einem farbigen oder dunklen Bildgeschehen herausgearbeitet werden sollen. Da Weiß eine Deckfarbe und als Aquarellfarbe nicht vorhanden ist, werden Weißflächen mit Hilfe der Negativlasur durch den Papieruntergrund dargestellt.

Im ersten Arbeitsschritt legt man die negativ zu gestaltenden Formen und Flächen genau fest. Das Papier innerhalb dieser Formen muß trocken bleiben, die Farbe wird um den Gegenstand aufgetragen. Je dunkler oder intensiver die Umgebungsfarbe an den Konturrändern aufgetragen wird, desto stärker ist die Kontrastwirkung. Nachdem das farbige Umfeld getrocknet ist, sollten die ausgesparten Formen behutsam ausgearbeitet werden.

Die Negativlasur eignet sich u. a. für helle, vom Licht beschienene Flächen und Linien.

Ein lebhaftes, farbiges Umfeld bringt die nur leicht abgetönte helle Blüte zur Wirkung.

Negativlasur

Um die Arbeitsweise innerhalb der einzelnen Maltechniken praktisch zu erfahren und die unterschiedliche Wirkung der jeweiligen Techniken zu erfassen, rate ich Ihnen, die drei Bildsequenzen nachzuarbeiten. Sie schaffen sich damit ein persönliches kleines Nachschlagewerk, das Ihnen bei der Wahl der Darstellungsart für Ihre Bilder eine große Hilfe sein kann. Denn vergleicht man die Ergebnisse mit jeweils unterschiedlicher Maltechnik, ist festzustellen, daß jede ihre eigene Wirkung besitzt und dem gleichen Gegenstand einen anderen Ausdruck verleiht. Zudem werden Sie entdecken, wie bestimmte Sachverhalte mit Hilfe einer bestimmten Technik wiederzugeben sind.

Da das Aussparen feiner Linien anfänglich Schwierigkeiten bereiten kann, besteht die Möglichkeit, als Hilfsmittel sogenannte Markierungsflüssigkeiten (z. B. Rubbel-Krepp) zu benutzen. Diese sind im Fachhandel erhältlich und enthalten genaue Gebrauchsanweisungen.

unten links:
Die lebhafte Wirkung der hellen Blätter wird durch unterschiedliche Ausarbeitung erreicht. Zusätzlich verstärkt die Strichführung im Hintergrund diese Lebhaftigkeit.

Merke

Negativlasur bedeutet Aussparungen von weißer, formgebundener Papierfläche im Bild, um weiße oder helle Gegenstände darzustellen.

oben rechts:
Für die vom Sonnenlicht beschienene Knospe habe ich die Negativlasur ausgewählt.

Farbmischung

Um Farben zu mischen, gibt es in der Malerei drei Möglichkeiten: die stoffliche oder reale Farbmischung, die optisch-subtraktive und die optisch-partitive Farbmischung.

Optisch-subtraktive Farbmischung

ist ein Mischungsresultat, das durch Übereinanderlegen transparenter oder lasierender Farbschichten optisch entsteht. Die so erreichten Farbtöne haben eine subtile Wirkung.

Stoffliche oder reale Farbmischung

bedeutet das Vermengen von Farben auf der Palette. Die Farben werden miteinander so vermischt, daß ein homogener, neuer Farbton entsteht.

Farbmischung

Optisch-partitive Farbmischung

ist ein Mischungsergebnis, bei dem kleine Farbteile durch geringe Flächengröße und entsprechende Distanz des Auges zur Bildfläche optisch so verschmelzen, daß sie einen neuen Farbton ergeben. Sie haben diese Wirkung sicherlich schon einmal, z.B. bei kleinteiligem Mosaik, erlebt. In der Aquarellmalerei entsteht dieses Mischungsergebnis u. a. beim Ineinanderfließen der Farben in der Naß-in-Naß-Technik, da hierbei die einzelnen Farbpigmente noch sichtbar bleiben, aber aus der Distanz zu einem Mischton verschwimmen.

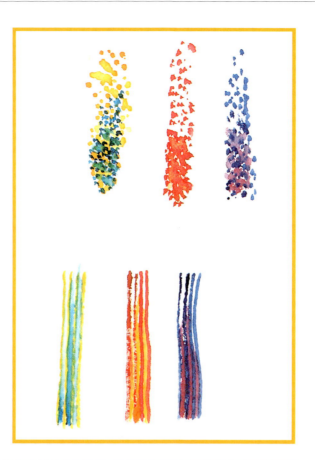

23

Die Übungen

Taglilien

Farben:
Indischgelb
Echtrosa
Permanentrot
Ultramarinblau

Technik:
Lasurtechnik
Verlauftechnik
Granuliertechnik
Auswaschtechnik

Bildformat:
36 × 51 cm

Die Blüten und Knospen wurden aus kompositionellen Gründen gegenüber dem Foto leicht verändert angeordnet.

Taglilien, deren aufgeblühte Schönheit nur kurzlebig ist, zeigen ein Farbenspiel, das von Gelb über Gelborange und Orange bis zu Rotbraun reicht. Wie der Name sagt, zeigt die Blüte ihre volle Pracht nur einen Tag, aber viele Knospen sorgen für eine ständige Wiederkehr von Aufblühen, Blühen und Vergehen.
Die Taglilie zeichnet sich durch ihre Anspruchslosigkeit aus und ist in unseren heimischen Gärten häufig zu finden. Vielleicht bewirkt aber gerade diese Genügsamkeit, daß man dieser Blume häufig nicht die Beachtung schenkt, die sie eigentlich verdient. Vielleicht entdecken Sie sie beim Nacharbeiten dieses Aquarells neu und genießen dabei ihre volle Schönheit. Ein Taglilienfeld ändert sein Aussehen täglich und bietet ständig neue Motive.

Taglilien

Die Fotografie beinhaltet alle Stadien des Blühens der Taglilie. Sie zeigt Knospen, voll aufgeblühte sowie verblühte Blumen, deren Stiele und die langen, lanzettförmigen Blätter.

1 Aus kompositionellen Gründen wurde die Anordnung der Blüten und Knospen gegenüber dem Foto leicht verändert, der Abstand der oberen Blüten zu den beiden anderen etwas verringert. Mit unterschiedlich starken Bleistiftschraffuren sind bereits Farbwerte festgelegt und wird die Räumlichkeit der einzelnen Blüten betont. Ich möchte Ihnen das Nacharbeiten dieser Skizze empfehlen, denn damit eröffnet sich für Sie die Möglichkeit, die einzelnen Formen in sich aufzunehmen; die Wiedergabe mit Farbe und Pinsel wird Ihnen leichter fallen.

2 Da Sie sich für die Skizze bereits mit den Details der Taglilie beschäftigt haben, genügt es vollkommen, die Umrißlinien der Blüten, Knospen und Blätter aufzuzeichnen. Allzu viele Bleistiftstriche wären beim späteren Aquarellieren nur hinderlich und würden die Wirkung des Bildes beeinträchtigen.

Für den ersten Arbeitsschritt benötigen Sie nur eine Farbe – Indischgelb –, das Sie unvermischt verwenden können. Die endgültige Farbgebung wird durch Lasurschichten unterschiedlicher Farben und Farbstärken erreicht (siehe optisch-subtraktive Farbmischungen, S. 22). Mit dem Rundpinsel der Größe 7 oder 9 – er sollte über eine gute Spitze verfügen – beginnen Sie eine Art Farbengrund für die Blüten und Knospen anzulegen. Zur Anordnung und Ausführung der intensiven Farbstellen in Verlauftechnik orientieren Sie sich an diesem Bildbeispiel.

Malen Sie Teil für Teil und lassen Sie die Blütenblätter jeweils trocken werden, damit die Farben nicht ineinanderfließen und die Form beeinträchtigen. Als zusätzliche Hilfestellung werden zu den Arbeitsschritten kleine Farbwert- und Arbeitsskizzen gezeigt.

Der erste Farbauftrag erfolgt als Verlauf.

Die Übungen

3 Nun legen Sie auch den Farbengrund der restlichen Knospen und Blüten mit Indischgelb an. Bei der unteren Blüte sollten Sie in der Mitte einzelner Blätter einen feinen Strich des Papieruntergrunds weiß stehenlassen (siehe Negativlasur, S. 20). Dann müssen die aufgetragenen Farben abtrocknen.

Im nächsten Schritt benötigen Sie Rottöne (Echtrosa und Permanentrot), die Sie etwas variieren sollten, d. h. daß Sie abwechselnd etwas mehr oder weniger Permanentrot zugeben. Für die Knospen ist ein Gelbgrün erforderlich, das aus einer Mischung von Indischgelb und Ultramarinblau besteht.

Beginnen Sie mit kräftigem Rot im Inneren der Blüte, setzen dieses satt mit dem Pinsel an und ziehen es unter Zugabe von immer mehr Wasser nach außen. Lassen Sie dabei einige Stellen trocken stehen, so daß die gelbe Untergrundfarbe rein sichtbar wird. Durch das optische Zusammenwirken des gelben Farbengrundes mit dem in unterschiedlicher Stärke aufgetragenen Rot entstehen differenzierte Farbtöne von Gelborange bis Rotorange.

Auch in diesem Stadium ist es ratsam, jedes Blütenblatt abtrocknen zu lassen, bevor Sie das nächste malen, um ein Ineinanderfließen der Farben zu verhindern. Die Wartezeiten können Sie dazu nutzen, die Knospen mit fleckenhaften Lasuren in Gelbgrün zu versehen. Dabei sollten die intensivgelben Stellen nicht überlasiert werden. Auch hier erhält das Gelbgrün durch die Verbindung mit dem Farbengrund einen anderen Farbwert als die angemischte Lösung (siehe Farbwertskizze). Die tütenförmigen Ansätze der Blüten werden gleichfalls gelbgrün lasiert.

Unterschiedlich starke Lasuren in Rot und Gelbgrün ergeben neue Farbwerte.

4 Malen Sie jetzt Blütenblatt für Blütenblatt weiter. Bei der oberen Lilie sollten Sie den Rotton etwas verwässern, damit das Gelb besser zur Wirkung kommt. In der Zwischenzeit dürfte die grüne Lasur der Knospen trocken geworden sein, so daß Sie weitere fleckenhafte Lasuren in unterschiedlich starken Rottönen vornehmen können. Auch bei den Blütenansätzen gehen Sie in gleicher Weise vor. Durch das Aufeinanderlegen von gelben, gelbgrünen und roten Farbschichten entstehen so zum Teil optische Rotbrauntöne. Orientieren Sie sich immer wieder am abgebildeten Arbeitsschritt und nehmen Sie auch die Ausschnittvergrößerung des fertigen Aquarells (siehe S. 28) sowie die Farbwert- und Arbeitsskizze zu Hilfe.

Auf trockenen Blütenblättern können Sie bereits feine punktförmige Detaillierungen in Rot mit dem Pinsel der Größe 1 oder 2 vornehmen. Um die Trocknungszeit weiter zu überbrücken, beginnen Sie mit der farblichen Gestaltung der Laubblätter. Sie benötigen für diese einen zweiten, etwas dunkleren Grünton, den Sie erzielen, indem Sie Indischgelb etwas mehr Ultramarinblau zugeben. Nehmen Sie teilweise weniger Farbe auf den Pinsel, damit granulierende Striche entstehen. Den Stiel der Knospen im linken Bildteil malen Sie mit dem feinen Pinsel. Versuchen Sie dabei, starke Kontrastwirkungen zwischen intensivem und verwässertem Gelbgrün herzustellen.

Da sich der Stiel der oberen Blüte mit den Blütenblättern rechts überschneidet und bisher beim Malen nicht berücksichtigt wurde, muß dieser ausgewaschen werden. Dazu lösen Sie die Farbe innerhalb der Umrißform mit einem feinen Pinsel und sauberem Wasser an und saugen sie mit einem trockenen Pinsel ab. Dieser Vorgang muß mehrfach wiederholt werden.

> **Tip**
> Da es sich bei den Blattstielen und Laubblättern um relativ kleine Farbflächen handelt, geschieht es rasch, daß man zuviel Farbe aufgetragen hat. Um dies zu korrigieren, können Sie die überschüssige Farbe mit einem trockenen und sauberen Pinsel wieder absaugen und entfernen.

Mit teilweise granulierenden Strichen wird das Laub gemalt.

Die Übungen

Detail
Eine zusätzliche Hilfestellung bietet dieser Ausschnitt, der die Maltechnik bei Blüte und Knospen deutlich zeigt. Achten Sie auf die unterschiedlich starken Lasurschichten und die nur sparsam vorgenommenen Detaillierungen

5 Malen Sie im letzten Arbeitsschritt die Blüten und Knospen in der vorher beschriebenen Weise fertig:
Der ausgewaschene Stiel bekommt jetzt noch gelbgrüne Farbaufträge unterschiedlicher Stärke. In den Blüten nehmen Sie an manchen Stellen feine, strich- und punktförmige Detaillierungen vor. Für die Staubgefäße tupfen Sie intensives Gelb und Rot in feinen Punkten nebeneinander. Weitere Laubblätter in dem unteren Bildbereich kommen hinzu, die sich zum Teil überschneiden sollten. Achten Sie bei derartigen Überschneidungen darauf, daß die zuerst aufgetragene Farbe trocken ist. Mit intensivem Grün und Gelbgrün und möglichst feinen Strichen malen Sie schließlich die verzweigten Äste im Hintergrund.

Tip
Bei Ausarbeitungen und Detaillierungen sollten Sie sich angewöhnen, Ihr Bild immer wieder aufzustellen, einige Schritte zurückzugehen und es aus einigem Abstand zu betrachten. Nur so können Sie die Wirkung Ihrer Ausarbeitungen erkennen und gegebenenfalls verstärken.
Grundsätzlich sollte aber beim Aquarell das Maß der Detaillierung reduziert werden, denn es ist schnell des Guten zuviel getan.

rechts:
Behutsam vorgenommene Ausarbeitungen vervollständigen das Bild.

Die Übungen

Kapuzinerkresse

Farben:
Ultramarinblau
Coelinblau
Echtgelb
Indischgelb
Permanentrot

Technik:
Naß-in-Naß-Technik mit Salz
Negativlasur
Verlauftechnik und
Lasurtechnik

Bildformat:
61 x 46 cm

Es waren die letzten Blüten der Kapuzinerkresse im Herbst. Ein Ausleger hatte sich bis in die bereits kahlen Äste eines Baumes gerankt, und die Blumen leuchteten in den spärlichen Sonnenstrahlen die durch den Herbstnebel drangen, noch einmal mit voller Kraft auf. Vielleicht spüren Sie den herben Geruch der Kapuzinerkresse, fühlen die Zartheit der Blütenblätter und das leicht Lederartige der Blatt-Teller. Sollte Ihnen dies gelingen, wird dieses Aquarell für Sie nicht nur ein »bloßes« Nacharbeiten bedeuten, sondern kann zu einem ganz persönlichen Erlebnis werden.

Die damals äußerst stimmungsvolle Fotografie, deren farbliche Gegebenheiten und Bildaufteilung nicht verändert werden mußten, dient als Ausgangspunkt für dieses Blumenaquarell, das Sie Schritt für Schritt nacharbeiten können.

Betrachten Sie das Foto eingehend und Sie werden feststellen, daß es eine deutliche Aussage darüber enthält, welche Maltechniken Sie für dieses Bild verwenden sollten:
Für die Darstellung des leicht verschwommenen Hintergrundes bietet sich die Naß-in-Naß-Technik an, die hellen Rippen der Blätter müssen mit Negativlasur angelegt werden, und die Tiefenwirkung der Blüten und Blätter kommt durch Verlauftechnik und teilweise Lasur zustande.
Die nächsten Überlegungen sollten Sie der Aufteilung des Bildes, der Komposition, widmen. Auch hier besitzen Sie in der Fotografie bereits ein perfektes Vorbild. Die leuchtenden Blüten befinden sich im Goldenen Schnitt (siehe auch »Aquarellmalerei für Einsteiger« – Kapitel »Übungen zum Bildaufbau«, Augustus Verlag) und die diagonale, nach oben strebende Auf-

Kapuzinerkresse

teilung durch die Ranken bringt zusätzlich Spannung in das Bild.

Nun müssen die Farben analysiert und bestimmt werden: Der Komplementärkontrast Orange-Blau (siehe auch »Besser aquarellieren« – Kapitel »Farbenlehre«, Augustus Verlag) bestimmt die Farben für dieses Bild. Durch den leicht stumpfen, blauen Hintergrund verstärkt sich die Leuchtkraft der orangefarbenen Blüten. Um die gezeigten Farbwerte zu erreichen, ja sogar noch zu verstärken. Mischen Sie für den Hintergrund Ultramarin- und Coelinblau mit einer Spur Orange. Dies bewirkt, daß das Blau abgestumpft wird. Denn um eine Farbe stumpfer werden zu lassen, benötigt man eine Spur der entsprechenden Komplemetärfarbe. Das differenzierte Orange der Kapuzinerkresse erhalten Sie aus Echtgelb, Indischgelb und Permanentrot, die Grünwerte aus der Blaumischung des Hintergrunds mit etwas Indischgelb. Die Braunwerte resultieren aus dem Mischungsergebnis aller Farben, die Sie für das Bild verwendet haben. – Eine derartige Bildanalyse sollte dem Malen nach einer Fotografie unbedingt vorausgehen. Wenn Sie erkennen, wie man vorgehen muß, um eine bestimmte Wirkung zu erzielen, ist Ihnen bereits ein großer Schritt in der Malerei gelungen.

1 Auf das Anfertigen einer Bleistiftskizze sollten Sie trotzdem nicht verzichten, denn mit ihr finden Sie Zugang zu den Eigenarten der Formen. Hier läßt sich auch noch leicht korrigieren, während dies mit Pinsel und Farbe nur schwer möglich ist. Zugleich ist die Zeichnung ein wichtiger Bestandteil der Malerei und sollte immer wieder geübt werden.

In der Skizze sind die dunklen Farbwerte bereits mit Schraffuren festgelegt.

31

Die Übungen

Als erstes wird die hintere Blüte, überwiegend in der Verlauftechnik, gemalt.

Schritt für Schritt erfolgt die Ausarbeitung der Blüten, und die Blätter erhalten einen blauen Farbengrund in Verlauftechnik, wobei die Blattrippen ausgespart werden.

Kapuzinerkresse

2 Nachdem Sie eine detaillierte Skizze als Orientierungshilfe angefertigt haben, genügt es, die Umrißlinien von Blüten, Blättern und Stielen der Kapuzinerkresse mit schnellen Bleistiftstrichen auf Ihr Aquarellpapier zu zeichnen. Dann legen Sie sich die Farben zurecht, die Sie zum Mischen der Orangewerte benötigen: Echt- und Indischgelb und Permanentrot. Um Rotbraun zu mischen, benötigen Sie erst ein Rotorange, dem Sie die entsprechende Komplementärfarbe – hier Blaugrün (Blau mit wenig Gelb) – in einer winzigen Spur zusetzen (siehe auch »Aquarellmalerei für Einsteiger«, Kapitel »Farbmischungen«, Augustus Verlag) Die Farbwertskizzen zu den Abbildungen geben weitere Hilfestellung.

Beginnen Sie mit der unteren Blüte, die knapp von der zweiten verdeckt wird. Das vordere Blütenblatt, auf das das Sonnenlicht fällt, erhält eine leichte Lasur in Echtgelb, die restlichen Blütenblätter malen Sie in Verlauftechnik mit immer wärmer werdenden Orangetönen, die nach hinten und in das Innere der Blüte bis ins Rotorange gehen. Um den Schatten darzustellen, der bei der Überschneidung der oberen mit der unteren Blüte entsteht, müssen Sie einige Spuren Rotbraun an den oberen Rand der entsprechenden Blütenblätter setzen.

Lassen Sie die Farben trocknen. Auf das mit Echtgelb lasierte Blütenblatt setzen Sie nun eine Schicht mit Indischgelb. Lassen Sie dabei an den Rändern einige Stellen frei, so daß die Untergrundfarbe noch sichtbar ist. Bei dem vorderen Blatt der oberen Blüte verfahren Sie in gleicher Weise.

3 Damit die Farben der einzelnen Blütenblätter nicht ineinanderlaufen, sollten Sie jedes einzelne Blütenblatt trocknen lassen, bevor Sie weiterarbeiten. Malen Sie jetzt für weitere Blütenblätter zunächst einen Verlauf in warmem Orange (Gelb mit einigen Rotpigmenten). Solange die Farbe innerhalb des Blattes noch feucht ist, sollten Sie einige kräftige Pinselspuren in Rotorange im Mittelpunkt ansetzen und damit die Tiefenwirkung noch verstärken. Auch die Mitte der unteren Blüte erhält noch zusätzliche Aufträge in Rotorange und Braunrot. Während die Farben trocknen, können Sie mit den Laubblättern beginnen. Deren Grünwert erzielen Sie schichtweise mit optischen Farbmischungen. Beginnen Sie mit einer Mischung aus Coelin- und Ultramarinblau (siehe Farbwertskizze), setzen

Sie die Farbe satt in der Mitte des Blattes an und ziehen Sie diese unter Zugabe von Wasser immer heller nach außen. Die Blattrippen müssen Sie dabei aussparen.

Sind die Blüten getrocknet, werden in diese einige braunrote Tupfer gesetzt.

4 Im nächsten Schritt werden die Blüten zum Teil mit lasierenden Strichen ausgearbeitet. Bei der Knospe sollten Sie Indischgelb und Rotorange ineinander verlaufen lassen und einen feinen Strich Braunrot an den linken Rand setzen. Zudem erhalten auch die restlichen Blätter, wie bereits beschrieben, einen blauen Farbengrund. Lassen Sie die Farben trocknen.

Für die weitere Ausarbeitung des Laubs benötigen Sie einen leicht stumpfen Grünton, den Sie aus Ultramarinblau, Indischgelb und einer Spur Permanentrot mischen (siehe Farbwertskizze). Mit diesem Grün lasieren Sie über das Blau der Blätter. Sparen Sie dabei einige Stellen und Flecken aus, an denen das Blau des Farbengrunds sichtbar bleibt. Die tütenförmigen unteren Teile der Blüten überziehen Sie mit einer stark verwässerten Lasur desselben Grüntons, genau wie den Stiel der Knospe in dem Bereich, in dem er sich mit dem Blatt überschneidet.

Das Grün des Laubes entsteht durch optische Farbmischungen.

Die Übungen

Arbeiten Sie auch die restlichen Blätter auf diese Weise aus. Damit die dunkle Farbwirkung entsteht, können zum Teil zwei Lasurschichten in Grün notwendig sein. Die Knospe erhält einige kleine, grüne Blätter am Stielansatz. Der nächste Schritt ist die Gestaltung des Hintergrunds. Er wird in der Naß-in-Naß-Technik gemalt und zusätzlich wird, um ihn etwas mehr zu beleben, Salz verwendet.

Die Verwendung von Salz als Mischtechnik im nassen Bereich

Für diese Mischtechnik benötigen Sie normales Haushaltssalz. Es zeigt dieselbe Wirkung wie diverse Spezialsalze, die im Handel angeboten werden.

Salz besitzt die Eigenschaft, Flüssiges und Feuchtigkeit rasch aufzunehmen, und trocknet nur äußerst langsam. Darauf beruht die Wirkung, die Sie in der Aquarellmalerei damit erzielen können: Streut man Salzkörner auf einen noch nassen Farbengrund, saugen diese die Feuchtigkeit und mit ihr die noch schwimmfähigen Farbpigmente auf. Dadurch entstehen helle, fast weiße Strukturen, die an Eisblumen am Fenster erinnern. Die Größe der Strukturen wird durch den Feuchtigkeitsgrad der aufgetragenen Farbe bestimmt. Zu beachten ist, daß das Salz auf dem Papier nicht bewegt und erst nach vollständigem Trocknen entfernt werden sollte.

Die Farben des Hintergrundes bestehen im wesentlichen aus einem Blau- (Ultramarin-, Coelinblau und einer winzigen Spur Permanentrot) und einem Braunton (Permanentrot, Indischgelb und etwas Ultramarinblau). Mischen Sie beide Töne in ausreichender Menge an: In der Naß-in-Naß-Technik muß zügig und rasch gearbeitet werden, so daß ein späteres Nachmischen der Farben kaum möglich ist. Bei diesem Hintergrund haben Sie jedoch den Vorteil, daß sich das Bild durch die Ranken, die Sie aussparen müssen, in drei Flächen aufteilt, die nach und nach gemalt werden könne. So geraten Sie nicht zu sehr in Zeitnot. Für die großen Flächen benützen Sie den Flachpinsel und für Stellen, an denen Sie die Form der Blüten und Blätter genau erhalten müssen, einen Rundpinsel mittlerer Stärke, der über eine gute Spitze verfügt.

Blüten und Blätter sind bereits fertig, wenn der Hintergrund Naß-in-Naß, unter Verwendung von Salz, entsteht.

Kapuzinerkresse

Nachdem Sie sich die Farben zurechtgelegt haben, nässen Sie mit sauberem Wasser den oberen linken Teil bis an den Rand der Ranke und des quer aufsteigenden Astes an. Sparen Sie dabei die Knospe und das Blatt genau aus. Tragen Sie das Blau auf, und solange die Fläche noch feucht ist, malen Sie oben links einige Flecken und den dünnen Ast in Braun. In der rechten Ecke des linken Felds sollten Sie mit dem Braunton bereits den Baumstamm im Hintergrund beginnen. Verwenden Sie dafür einen etwas stärkeren Pinsel und ziehen Sie das Braun an den Rändern mit dünnen Strichen nach außen. Anschließend legen Sie auf gleiche Weise das obere Teilstück des Hintergrunds an. Zusätzlich sind hier noch einige Spuren Indischgelb im unteren Bereich aufzutragen. Wenn Sie alle Farben aufgebracht haben, streuen Sie an einigen Stellen Salz auf. Zuletzt malen Sie den unteren Teil, geben dort ebenfalls auf einige Stellen Braun und Gelb und streuen in konzentrierteren Flächen Salz auf.

Nun muß Ihr Blatt vollständig trocken werden. Dies kann durch das Salz einige Zeit in Anspruch nehmen. Ihr Bild ist erst dann vollständig trocken, wenn sich die Salzkörper abpusten lassen.

Detail 1 (oben)
Die Vergrößerung dieses Ausschnitts verdeutlicht die Arbeitsweise bei den Blüten, die Tiefenwirkung, die durch das Setzen von dunkleren, intensiven und warmen Farben entsteht. Beachten Sie die Kontrastwirkung heller und dunkler Farben in den Ranken.

Detail 2 (unten)
Hier sehen Sie, wie unterschiedlich Salz wirken kann. Im rechten unteren Teil war die Farbe nur feucht – hier bildeten sich deutliche Kristalle aus –, während im linken, noch sehr nassen Bereich, das Salz größere Strukturen hervorrief. Richten Sie Ihr Augenmerk auch auf die unterschiedliche Intensität der braunen Lasuren für die Äste im Hintergrund und auf die Ausarbeitung des Blattes.

Die Übungen

Zur Fertigstellung des Bildes müssen nun die Ranken in hellen Ocker- (Indischgelb, Permanentrot und eine kleine Spur Ultramarinblau), Orange- und dunklen Brauntönen sowie die Äste und Zweige im Hintergrund in Verlauftechnik und Lasur ausgearbeitet werden. Achten Sie auf den Kontrast zwischen den sonnenbeschienenen Teilen der Ranken, die in hellen Tönen, und den Schattenteilen, die in dunklem, sattem Braun gemalt werden. Mit einem Rundpinsel malen Sie den quer aufsteigenden Ast sowie die Zweige im Hintergrund. Verwenden Sie dafür den bereits angemischten Braunton, dem Sie noch etwas Wasser zusetzen. Die hellen Rippen der Blätter sollten mit stark verwässertem Blau abgetönt werden.

Betrachten Sie Ihr Bild aus einigem Abstand. Dies ist sowohl räumlich als auch zeitlich gemeint. Denn erst dann können Sie erkennen, ob noch Korrekturen vorgenommen werden müssen. Überlegen Sie sich diese genau. Manchmal ist es sogar notwendig, das Bild beiseite zu legen und später erneut zu betrachten

Weitere Detaillierungen in Verlauf- und Lasurtechnik vervollständigen das Bild.

Kapunzinerkresse

Die Übungen

Die Skizze ist eine Kombination der auf den Fotos abgebildeten Knospen, Blüten und Samenkapseln.

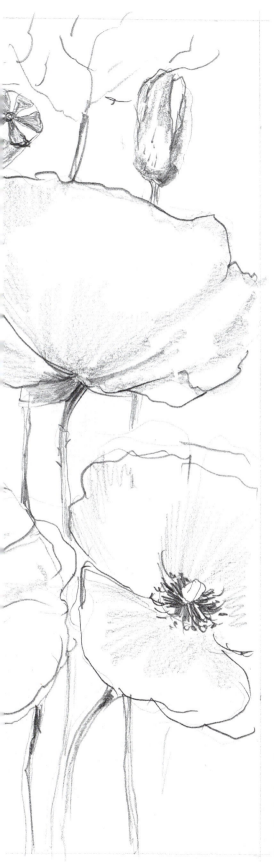

Mohnblumen

Farben:
Permanentrot
Echtrosa
Coelinblau
Ultramarinblau
Indischgelb

Technik:
Naß-in-Naß-Technik
mit Ausarbeitung in Lasur
Verlauftechnik und
fragmentierender
Pinselstrich

Bildformat:
49 x 42 cm

Immer wieder begeistert mich das prachtvolle Rot des Mohnes im Frühsommer, das in reizvollem Kontrast zu den pastellartigen Grüntönen seiner Knospen und Samenstände steht. Prall gefüllte Knospen biegen die mit feinen Härchen besetzten Stiele nach unten, während die großen Blüten mit hauchzarten Blütenblättern ihr brillantes Rot entfalten. Wie feine, knitterige Seide wirken diese Blütenblätter, der hellgelbe Blütenstengel ist von einem beinahe schwarzen Kranz umgeben und die Samenkapsel zeigt geometrische Strukturen und reizvolle Farbkontraste.

Der Mohn ist eine Blume, die in jeder Phase des Blühens Schönheiten offenbart. Ein besonderes Erlebnis ist der Augenblick, in dem eine prallgefüllte Knospe mit leisem Ton aufspringt und sich die ersten roten Blütenblätter hervordrängen.

1 Die Skizze zeigt einen Ausschnitt aus einem Mohnblumenfeld. Sie ist notwendig, um die Detailaufnahmen der Fotos individuell zu einem Ganzen zu gestalten. In ihr sollte der Wildwuchs der Mohnblumen zum Ausdruck kommen. Außerdem bietet die Skizze die Möglichkeit, die vielfältigen Formen der Blume zu entdecken und wiederzugeben.

Neben der Beobachtung in der Natur inspirierten zwei Fotos mit Detailaufnahmen von Knospen, Blüten und Samenständen zu diesem Bild.

Die Übungen

Gegenüberstellung richtiger und falscher Arbeitsweise in der Naß-in-Naß-Technik.

Durch gelbe Lasuren wird das Rot optisch verändert.

Weitere Lasuren vertiefen die Farbtöne und verleihen ihnen Leuchtkraft.

2 Es genügt eine Umrißskizze der Blüten, Blätter und Knospen, mit der Sie den Ort der einzelnen Gegenstände im Bild bestimmen. Da gerade bei der Naß-in-Naß-Technik die Farbe ihre Beweglichkeit und Eigenwilligkeit zeigt, würde eine allzu genaue Formgebung nur einengen. Wieder bestimmt ein Komplementärkontrast, hier Rot – Grün, die Farbgebung des Aquarells. Das Rot der Mohnblumen besteht überwiegend aus Permanentrot, dem teilweise einige Pigmente Echtrosa zugegeben werden, während sich das leicht stumpfe Grün aus einer Mischung von Coelin- und Ultramarinblau sowie Indischgelb zusammensetzt. Bei sattem Farbauftrag erhalten Sie so dunkles, kräftiges Grün; im verwässerten Zustand wirkt es stumpf, leicht ins Bläuliche gehend. Zu Rot und Grün kommt in diesem Arbeitsschritt ein fast schwarz wirkender Farbton hinzu, den Sie aus der Mischung der verwendeten Rot- und Grüntöne erhalten. Da das fertige Bild eine Vielzahl von Farbtönen und Strukturen aufweist, ist den einzelnen Abbildungen zur Unterstützung nicht nur eine Farbwertskizze, sondern auch eine kurze Darstellung der Arbeitsweise hinzugefügt.

Bereiten Sie die Farben vor. Sollten Sie Näpfchen benützen, ist es zweckmäßig, die Farbpigmente mit einigen Tropfen sauberen Wassers bereits leicht anzulösen, damit sie leichter auf den Pinsel aufgenommen werden können. Nässen Sie Ihr Blatt gründlich mit dem breiten Flachpinsel ein, aber lassen Sie keine Wasserpfützen stehen. Die Samenkapseln, die sich mit den Mohnblumen überschneiden, müssen Sie dabei genau aussparen, damit dort der Untergrund trocken bleibt. Mit einem Rundpinsel der Größe 7 oder 8 nehmen Sie das bereits angelöste Rot auf und malen mit raschen, formgebenden Strichen die Blüten. Die Farbe blüht aus. Bei den Knospen tragen Sie zuerst den Grünton auf und setzen sattes Rot hinein. In die Mitte der offenen Blüten tupfen Sie mit dem feinen Pinsel etwas Schwarz. Diese Abbildung zeigt auch einen typischen Fehler der Naß-in-Naß-Technik, der dann entsteht, wenn man etwas zu langsam gearbeitet hat und das Papier an einigen Stellen bereits getrocknet ist. Bei dem Versuch, die bereits angetrocknete Farbe mit Wasser zu lösen und dadurch nochmals zum Ausblühen zu bringen, waschen Sie nur einen Teil der trockenen Farbe ab, und es entsteht ein wässeriger Lasurauftrag mit dunklem Rand.

Mohnblumen

Bei der Naß-in-Naß-Technik muß zügig und rasch gearbeitet werden! Um größere Bildflächen zu bewältigen, empfiehlt es sich, wie bei dem Aquarell mit Kapuzinerkresse, S. 34) beschrieben, die Fläche durch Formen zu unterteilen.

3 Die Farben auf Ihrem Bild sind zum Teil noch leicht feucht, zum größten Teil aber bereits trocken. Um dem Rot des Mohns noch mehr Leuchtkraft zu geben, sind teilweise Lasuren in Gelborange (Indischgelb und Permanentrot; siehe Farbwert- und Arbeitsskizze) notwendig. Dabei feuchten Sie mit der nassen Farbe Ihr Papier erneut teilweise an. Dies gibt Ihnen die Möglichkeit, das Schwarz für die Staubgefäße nochmals aufzutupfen und ausfließen zu lassen.

4 Wenn nun in diesem Schritt Rot (Permanentrot und eine Spur Echtrosa) aufgetragen wird, sind die Farben auf Ihrem Bild zum Teil noch nicht ganz trocken. Dadurch vermischt sich diese neue Farbschicht teilweise mit der gelborangen Lasur. In bereits trockenen Bildpartien entstehen klare Formen und optische Farbmischungen. Dieser Farbauftrag intensiviert das Rot noch mehr und bringt es zum Leuchten. Das Grün der Knospen wird durch fleckenhafte Lasuren in Gelbgrün (Indischgelb und Ultramarinblau) und satte dunkelgrüne Farbaufträge verstärkt, die teilweise fleckenhaft, teilweise mit fragmentierendem Pinselstrich ausgeführt werden. Für den Stielansatz lösen Sie mit dem Pinsel und etwas Wasser die bereits vorhandene Farbe der Knospen an und ziehen sie nach unten.

5 Bei der weiteren Ausarbeitung der Blüten und Knospen arbeiten Sie mit diesen fragmentierenden Pinselstrichen (siehe Arbeitsskizze). Mit dem feinen Pinsel werden die Staubgefäße detailliert. Die Samenkapseln erhalten unterschiedliche Lasuren in Grün, Blaugrün und Gelbgrün, ihre Kappen einen Farbauftrag in wässerigem Gelb.
Die Farbe der Samenkapseln muß nun trocknen. In der Zwischenzeit können Sie die Stiele gelb- und blaugrün lasieren. Wo es zu Überschneidungen mit den Blüten kommt, sollten die Stiele ausgewaschen werden. Im oberen Teil der Samenkapsel legen Sie dann eine rosettenförmige Struktur in Braun an (Mischung aus Permanentrot, Ultramarinblau und Indischgelb).

Nun können Sie mit der farblichen Gestaltung des Hintergrundes beginnen. Feuchten Sie das Papier zwischen den Blumen an und lassen Sie Gelb-, Grün- und Blautöne ineinanderfließen. Die Blütenstempel im Inneren der Mohnblumen sollten, wenn notwendig ausgewaschen werden (siehe Arbeitsskizze und Mohnblume in der Mitte oben).

Die Detaillierung und Festigung der Formen erfolgt mit framentierendem Pinselstrich (siehe unten).

Der fragmentierende Pinselstrich

Der fragmentierende Pinselstrich erfordert ein wenig Gefühl und Übung. Es ist ein Strich, der abwechselnd dünn und breit scheint, teilweise aussetzt und gerade das notwendige Maß besitzt, um die Form zu festigen oder zu vertiefen. Er kann sich innerhalb aber auch außerhalb von bereits gesetzten Farbflächen befinden.
Benützen Sie den Rundpinsel Nr. 7 oder 9, der über eine gute Spitze verfügen sollte, damit ausreichend Farbe aufgenommen werden kann. Dies ist bei einem kleineren Pinsel nicht möglich. Lassen Sie den Pinsel leicht über das Papier gleiten und üben Sie unterschiedlichen Druck auf ihn aus. So können Sie die Striche breiter oder schmäler gestalten. Manchmal sollte der Pinselstrich auch aussetzen. Vermeiden Sie, einen Gegenstand mit Strichen »einzurahmen«.

Die Übungen

Detail 1 (unten)
Diese Vergrößerung eines Bildausschnitts zeigt die optischen Farbmischungen, die durch die Lasurschichten in Rot und Gelb entstanden sind, sowie die feinen Pinselstriche, mit denen die Staubgefäße gemalt wurden.

Detail 2
Die reinen Farbtöne der fertigen Samenkapsel könnten inmitten des roten Hintergrunds nur durch Negativlasur, d. h. Aussparen der Bildfläche, erreicht werden. Beachten Sie die feine Wirkung der optischen Farbmischungen, die in der Blüte und Samenkapsel entstanden sind. Derartige Farbgebungen sind nur mit Lasurschichten zu erreichen und nur durch stoffliche oder reale Farbmischung (siehe S. 22) nicht möglich.

Mohnblumen

Malen Sie die restlichen Flächen des Hintergrunds, indem Sie wie beschrieben die Farbtöne auf dem nassen Untergrund ineinander verlaufen lassen. Dieser Farbauftrag sollte trocknen. Erst dann können Sie Lasuren in Blau- und Gelbgrün und im unteren Teil in Echtrosa fleckenhaft auftragen. Mit Gelborange und einem Pinsel der Größe 1 bis 3 malen Sie die fein verzweigten Äste in den Hintergrund. Auch innerhalb der Blüten, Knospen und Samenkapseln sind Ausarbeitungen mit feinen Pinselstrichen notwendig. Die ausgewaschenen Blütenstempel bekommen einen leichten Farbauftrag in Gelb. Mit unterschiedlichen Farbwerten sollten die Stiele fertiggemalt werden.

Bei diesen Detaillierungen ist es zweckmäßig, das Bild immer wieder aus einigem Abstand zu betrachten und Ausarbeitungen nur dort vorzunehmen, wo Formen betont oder gefestigt werden müssen.

Die Gestaltung des Hintergrunds und weitere Ausarbeitungen vervollständigen das Bild.

Die Übungen

Pusteblumen

Farben:
Echtrosa
Indischgelb
Ultramarinblau

Technik:
Naß-in-Naß-Technik
Auswaschtechnik und
Negativlasur mit Ausarbeitung
in fragmentierendem
Pinselstrich

Bildformat:
44 × 59 cm

»Pusteblumen« – so heißen im Volksmund die kugeligen Samenstände von Löwenzahn und Arnika. Ich glaube, jeder von uns hat sich als Kind – oder vielleicht auch als Erwachsener – das Vergnügen bereitet, die Samen dieser flaumigen, fragilen Kugeln anzupusten und durch die Luft schweben zu lassen.

Da Aquarellfarben keine Deckfarben sind, kann man weiße oder helle Details nur schwer darstellen. Sie können nicht im nachhinein deckend aufgetragen werden, sondern die jeweiligen Formen müssen von Beginn an berücksichtigt, ausgespart oder ausgewaschen werden. Dies mag Sie vielleicht von der Darstellung derartiger Themen abgehalten haben. Daß diese Schwierigkeiten aber durchaus zu bewältigen sind, können Sie beim Nachvollziehen der »Pusteblumen« erleben, mit denen ich Ihnen das Gewußt-wie dazu vermitteln will.

Bewußt wurde bei diesem Aquarell auf eine Vorskizze verzichtet. Denn je ungezwungener und freier man an die Darstellung eines solchen, etwas schwierigeren Gegenstandes geht, desto zufriedener wird man mit dem Ergebnis sein.

Eine Fotografie, die zwei Phasen der Samenbildung von Arnika zeigt: Einmal die bereits verblühten Blüten, die sich wieder geschlossen haben und an deren Spitze bereits die ersten flaumigen Samen sichtbar werden. Zum zweiten die zarten und dennoch prachtvollen Kugelgebilde des flugreifen Samens. Inmitten der vielen beigen, braunen und olivgrünen Farbtöne erscheint reizvoll das Rosa der wilden Wicke, die zwischen den Pusteblumen rankt.

Betrachten Sie das Foto eingehend, und vielleicht versuchen Sie, sich die Pusteblumen Ihrer Kindheit in Erinnerung zu rufen.

Pusteblumen

1 Bestimmen Sie mit Bleistiftkreisen den Bildort der großen Pusteblumen. Um mehr Tiefe zu erreichen, sind rechts oben kleinere, weiter entfernt liegende Samenstände angedeutet. Mehr ist anfangs nicht notwendig. Die restlichen Formen sollten frei und ungezwungen mit dem Pinsel entstehen.

Für dieses Blumenaquarell benötigen Sie folgende Farben: Echtrosa, das Sie mit etwas Indischgelb vermischen, Indischgelb, Ultramarinblau und ein dunkles Schwarzbraun, das aus einer Mischung von Ultramarinblau, Echtrosa und wenig Gelb besteht. Die anderen Farbtöne entstehen durch Ineinanderfließen und Vermischen der einzelnen Farben direkt auf dem Papier. – Bereiten Sie sich ausreichende Mengen der Farben vor, denn Sie müssen rasch und zügig arbeiten.

Nässen Sie Ihr Papier gründlich ein und sparen Sie dabei das Innere der vorgezeichneten Kreise unregelmäßig und fransig aus. Mit dem breiten Flachpinsel und senkrechten Strichen beginnen Sie im oberen Teil Ultramarinblau in unterschiedlicher Stärke aufzutragen. Dem werden sofort einige Striche in Indischgelb aufgesetzt. Die Farben fließen ineinander und ergeben einen Gelbgrünwert. Für den gelben Punkt links nehmen Sie sattes Indischgelb auf den Rundpinsel und tupfen ihn auf.

Arbeiten Sie sich rasch nach unten, setzen Sie im unteren Bereich links die große gelbe Fläche und sofort auf diese einen breiten, braunen Strich in Dunkelbraun; dazu punktförmig die rosa Blüten der Wicke. Im unteren Teil des nassen Farbauftrages sollte Blau nur noch spärlich verwendet werden, so daß die Braun-, Rosa- und Gelbtöne überwiegen. In den Bildteilen, wo nach dem Trocknen dunkle, gezahnte Ränder entstanden sind, wurde im halbfeuchten Zustand sauberes Wasser oder ein anderer Farbton aufgetragen und damit die Farbe vertrieben.

Dazu ein kleiner Trick

Um den flaumigen, feinen Rand der Pusteblume zu erzielen, kann man mit einem Radiergummi mittlerer Härte (Knetgummi ist hierfür nicht geeignet), der eine scharfe und saubere Kante besitzt, in feinen und nach außen führenden Strichen die Farbe leicht abradieren. Mit dieser Hilfstechnik ist es auch möglich, dünnere Linien aus bereits abgetrockneter Farbe zu radieren. Sie sollten aber beim Führen des Radiergummis nicht zu stark aufdrücken, damit das Papier nicht beschädigt wird.

Der Hintergrund ist Naß-in-Naß gemalt, wobei die Formen der Pusteblumen grob und fransig ausgespart werden.

45

Die Übungen

Die geschlossenen, tütenförmigen Samenstände werden ausgewaschen, wenn die Untergrundfarbe trocken ist.

Die nun folgende Ausarbeitung des Aquarells erfordert viel Feingefühl, einen sicheren Pinselstrich und den gekonnten Umgang mit den Techniken. Um Ihnen diese Schwierigkeiten etwas zu erleichtern, möchte ich die Detaillierung des Bildes in zwei Phasen, die zum einen die Pusteblumen, zum anderen die geschlossenen Samenstände betreffen, erläutern.

Ausarbeitung der Pusteblumen

Dieser vergrößerte Ausschnitt zeigt eine der Pusteblumen und soll die Arbeitsweise besser verdeutlichen:

Da Sie die hellen Samenfäden mit Negativlasur darstellen müssen, ist eine genaue Vorzeichnung mit dem Bleistift erforderlich. Sie benötigen zudem einen Grauton, den Sie aus Ultramarinblau, Indischgelb und einer Spur Rosa mischen, sowie einen Braunton, der sich aus Echtrosa, Indischgelb und einer Spur Ultramarinblau zusammensetzt. Beginnen Sie mit dem Grau im Mittelpunkt der Pusteblume und malen Sie um die skizzierten hellen Samenstände herum. Sie sollten die Farbe im Mittelpunkt satt ansetzen und mit Wasser nach außen verziehen. Arbeiten Sie sorgfältig und genau, und beachten Sie die vorgezeichneten Formen. Bei den feinen Verzweigungen im oberen Teil der einzelnen Samen müssen Sie die Farbe wieder etwas satter ansetzen, um die Formen deutlicher darzustellen. Erarbeiten Sie auf diese Weise behutsam die hellen Samenfäden und lassen Sie die Farbe trocknen. Nun können Sie ebenfalls mit Grau und feinen Pinselstrichen einzelne dunklere Samen malen. Der Wechsel zwischen positiv und negativ macht den Reiz dieser Ausarbeitung aus. Im Mittelpunkt der Pusteblume legen Sie über den Grauton erst eine Lasur in Braun und anschließend eine in hellem Rosa. Der äußere Rand der Pusteblume wird zum Teil mit einem Hauch von Rosa, zum Teil mit feinen grauen Verzweigungen gefestigt.

Detaillieren Sie auf diese Art auch die restlichen Pusteblumen. Nehmen Sie sich Zeit und betrachten Sie Ihr Bild immer wieder aus einigem Abstand, um das notwendige Maß der Ausarbeitung zu finden.

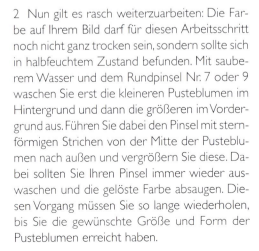

Mit einem Radiergummi bilden Sie den flaumigen Rand der Pusteblumen.

2 Nun gilt es rasch weiterzuarbeiten: Die Farbe auf Ihrem Bild darf für diesen Arbeitsschritt noch nicht ganz trocken sein, sondern sollte sich in halbfeuchtem Zustand befunden. Mit sauberem Wasser und dem Rundpinsel Nr. 7 oder 9 waschen Sie erst die kleineren Pusteblumen im Hintergrund und dann die größeren im Vordergrund aus. Führen Sie dabei den Pinsel mit sternförmigen Strichen von der Mitte der Pusteblumen nach außen und vergrößern Sie diese. Dabei sollten Sie Ihren Pinsel immer wieder auswaschen und die gelöste Farbe absaugen. Diesen Vorgang müssen Sie so lange wiederholen, bis Sie die gewünschte Größe und Form der Pusteblumen erreicht haben.

Pusteblumen

Mit Hilfe unterschiedlicher Techniken wird die Zartheit der Samenstände herausgearbeitet und betont.l

Die Übungen

In Verlauftechnik sind die geschlossenen Samen angelegt.

Ausarbeitung der geschlossenen Samenstände

Die geschlossenen Samenstände besitzen, da sie aus trockenem Bildgrund ausgewaschen wurden, bereits klare Formen mit einem etwas dunkleren Rand. Für die Detaillierung benötigen Sie zwei Farben: Echtrosa und einen Gelbgrünton (Indischgelb und Ultramarinblau). Malen Sie einen Verlauf, wobei Sie das Rosa im oberen Teil der Samen satt ansetzen und die Farbe mit Wasser nach unten ziehen. Erst wenn diese Farbschicht getrocknet ist, können Sie mit Gelbgrün von unten in entgegengesetzter Richtung arbeiten; achten Sie dabei darauf, die Form zu erhalten. Dasselbe Gelbgrün verwenden Sie auch für die Stiele der Samenstände. Die feinen Striche in Rosa und Gelbgrün können Sie ausführen, wenn die Farben abgetrocknet sind.

3 Um das Bild fertigzustellen, müssen noch die feinen Gräser und Stiele im Hintergrund gemalt werden. Auch hier sollten Sie unterschiedliche Techniken verwenden: Waschen Sie zum Teil Gräser aus, lasieren Sie einzelne in unterschiedlich starken Gelbgrün- bis Blaugrüntönen. Achten Sie bei Überschneidungen der einzelnen Gräser darauf, daß die darunterliegende Farbschicht trocken ist. Auch hier sollten Sie Ihr Bild immer wieder aus einigem Abstand betrachten, um ein zufriedenstellendes Ergebnis zu erzielen.

rechts:
Die behutsam vorgenommenen Detaillierungen sollten das notwendige Maß nicht überschreiten.

Die Übungen

Hibiskusblüten

Hibiskusblüten sind für mich immer mit Erinnerungen an den Süden, an Sonne, Wärme, Heiterkeit und fröhliches Treiben verbunden. Diese Erinnerungen waren ausschlaggebend für die Gestaltung des Hintergrunds und die Wahl der warmen, heiteren Farben.

Der Hintergrund dieses Aquarells ist mit freien Pinselstrichen und Farbflächen gemalt, die mit der Form der Hibiskusblüten auf den ersten Blick nichts gemein haben. Dennoch treten die Blüten behutsam, Schritt für Schritt, aus den Farbflächen hervor und verbinden sich harmonisch mit diesen. Vielleicht kann ich Ihnen mit diesem Bild eine neue Gestaltungsmöglichkeit in der Aquarelltechnik eröffnen, die frei und spontan wirkt. Sie stellt aber an den Malenden neue Anforderungen und verlangt eine gewisse Flexibilität.

Farben:
Ultramarinblau
Echtrosa
Indischgelb

Technik:
Lasurtechnik und Salz
Ausarbeitung in Negativlasur, Verlauftechnik und fragmentierendem Pinselstrich

Bildformat:
51 x 50 cm

Hibiskusblüten

1 Zwei Fotos mit Detailaufnahmen waren Vorbild für die Einzelform der Blüten, die Farben wurden beim Malen frei gewählt.
Da die Fotos lediglich für die Form der Hibiskusblüten als Vorbild dienten, sind zu diesem Bild zwei Skizzen notwendig. Die erste ist eine möglichst genaue Zeichnung der Einzelblüten und Blätter.

Detaillierte Zeichnung der einzelnen Blüten und Blätter.

2 Diese Skizze ist das Gerüst für die Bildkomposition, in der die Einzelblüten zu einem harmonischen Ganzen zusammengefügt werden. Auf Detaillierungen ist verzichtet, da sie aus der ersten Zeichnung ersichtlich sind. Hier liegt das Gewicht auf der Anordnung und Formgestaltung des Bildgegenstands. Beide Skizzen sind wichtige Voraussetzungen für das Malen, denn sie geben Orientierungshilfen zum Bildort, zur Form und Ausarbeitung der Blüten.

Zusammenschluß der Blüten zu einer Bildkomposition

Die Übungen

Hintergrundgestaltung mit freien, nicht formgebundenen Pinselstrichen und Strukturierung durch Salz.

Mit fragmentierenden Pinselstrichen wird die Form der oberen Blüte behutsam ausgearbeitet.

3 Um bei der Gestaltung des Hintergrunds nicht von der Form der Hibiskusblüten beeinflußt zu werden, ist es ratsam, zuerst die Farben zu setzen und erst nachdem diese getrocknet sind, die Blüten mit Umrißlinien zu skizzieren. Die Wahl der Farben beschränkt sich auf Ultramarinblau, Echtrosa und Indischgelb. Alle Farbtöne werden aus diesen Grundfarben gemischt.

Mit dem breiten Flachpinsel malen Sie in unterschiedlichen Farbwerten und Farbstärken schnelle, schwungvolle Striche auf den trockenen Malgrund. Für die farbliche Anordnung orientieren Sie sich an der Abbildung. Farbmischungen sollten durch Ineinanderfließen und Überlasieren direkt auf dem Papier entstehen. Streuen Sie an einigen Stellen der noch feuchten Farbflächen Salz auf (siehe S. 34). Wenn der Hintergrund vollständig getrocknet und die Salzkörper entfernt sind, skizzieren Sie mit Bleistift die beiden Blüten und den Ast. Als zusätzliche Hilfestellung zu den einzelnen Schritten stehen Ihnen wiederum die jeweiligen Farbwert- bzw. Arbeitsskizzen zur Verfügung.

4 Mischen Sie aus Ultramarinblau und Echtrosa unterschiedliche Rotviolettöne. Mit fragmentierenden Pinselstrichen (siehe S. 41) fertigen Sie behutsam die Form der oberen Blüte in diesen Farben. Achten Sie darauf, die Blüte nicht einzurahmen!

Um die Kontrastwirkung zu verstärken, setzen Sie dann mit dem Flachpinsel unterschiedlich starke, rotviolette Lasuren an den Rand der linken Blütenblätter. Das dunkle Schwarzviolett, mit dem der Kranz im Inneren der rechten Blüte aufgetupft ist, mischen Sie aus Blauviolett (Ultramarinblau und Echtrosa) und einer winzigen Spur Indischgelb. Mit einem aus Echtrosa und Indischgelb gemischten Rot malen Sie den langen Stiel des Blütenstempels. Den Farbengrund für die gelben Staubgefäße bildet ein Verlauf in Indischgelb. Die Farbe verbindet sich leicht mit der noch feuchten rotvioletten Lasur, die der Kontrastwirkung dient.

Im rechten Blütenblatt nehmen Sie fleckenhafte Lasuren vor.

Nun beginnen Sie mit der Ausarbeitung der rechten Blüte, deren größere Farbintensität in reizvollem Kontrast zu der hellen, negativ erarbeiteten Blüte steht. Malen Sie vom Inneren der Blüte nach außen, beginnen Sie behutsam mit rotvioletten Lasuren und fragmentierenden Pinselstrichen. Betrachten Sie Ihr Bild dabei immer wieder aus einigem Abstand und betonen Sie die Blüte an den notwendigen Stellen. Dies erfordert einige Konzentration und Sie sollten dafür immer wieder die Zeichnung (Abbildung S. 51) als Vorbild nehmen.

Sind die rotvioletten Farbtöne abgetrocknet, können Sie im Mittelpunkt und linken Teil der Blüte mit Rot (Echtrosa und Indischgelb) weitere Lasurschichten vornehmen. Die Farbgebung wird dadurch intensiver. Für die gelben Staubgefäße geben Sie etwas sauberes Wasser auf das Papier und lassen die Farbe leicht verfließen. Achten Sie bei der Ausarbeitung der Blütenblätter auch darauf, besonders schöne, durch Salz entstandene Strukturen zu erhalten (siehe auch Detail, S. 54).

Im rechten Bildteil müssen die Farben des Hintergrundes ebenfalls mit diagonalen Strichen in Rotviolett verstärkt werden.

6   Mischen Sie nun die Farben für den Ast und das Laub: Den schwarzbraunen Farbton erhalten Sie durch Mischen von Echtrosa, Ultramarinblau und Indischgelb. Die unterschiedlichen Grüntöne entstehen mit Ultramarinblau und Indischgelb, bei den etwas stumpferen Tönen sind noch einige Pigmente Echtrosa zugesetzt.

Mit dem Rundpinsel der Größe 7 oder 9 malen Sie dann mit satter Farbe und unterbrochenen Strichen den Ast. Die Laubblätter in unterschiedlichem Grün sind mit Verlauftechnik zu malen. Ihre Formen wurden teilweise nicht ganz ausgeführt, um den spontanen Eindruck noch zu verstärken (siehe Arbeitsskizze). Der Stiel des Blütenstempels in der rechten Blüte muß ausgewaschen werden.

Die Kontrastwirkung der hellen zur farbintensiven Blüte wird deutlich.

In spontaner und freier Malweise entstehen der Ast und die Laubblätter.

Die Übungen

Detail
Studieren Sie anhand dieses vergrößerten Ausschnitts die Malweise der Blüten genau, beobachten Sie, wo Salzstrukturen erhalten sind, und achten Sie auf die Strichführung des Pinsels, die fein abgestimmten Lasuren und die Farbintensivierung mit Rot. Wie wichtig die Wahl der Technik bei der Ausarbeitung sein kann, erkennen Sie an den gelben Staubgefäßen: Die ausgewaschenen Punkte leuchten hell aus der Bildfläche und gewinnen dadurch eine neue Bedeutung.

Zur Fertigstellung des Aquarells müssen nun noch einige Detailarbeiten vorgenommen werden. Der gelbe Blütenstempel der oberen Blüte erhält Tupfen in Gelbgrün, die Sie mit dem feinen Rundpinsel auftragen. Mit dem feinen Pinsel werden auch die roten Staubgefäße gemalt. In der rechten Blüte setzt man auf das Gelb der Staubgefäße noch sattes Gelbgrün, aus dem Sie nach dem Trocknen kleine runde Punkte auswaschen. Malen Sie auch hier die roten Staubgefäße und verstärken Sie den ausgewaschenen Stiel im oberen Teil etwas mit Rot. Mit feinen Pinselstrichen wird der dunkle Kranz im Inneren der Blüte ausgearbeitet.

Den Ast verstärken Sie an einigen Stellen mit rotbraunen Lasuren (geben Sie dem angemischten Braunton einige Echtrosa-Pigmente zu), und auf die Laubblätter wird teilweise intensives Gelb oder Blaugrün gesetzt.
Betrachten Sie auch jetzt Ihr Bild immer wieder aus einigem Abstand. Überlegen Sie sich jede Intensivierung genau, denn es ist schnell des Guten zuviel getan. Das richtige Maß der Ausarbeitung zu finden, ist bei dieser Art von Aquarellmalerei besonders wichtig.

Hibiskusblüten

Feine Ausarbeitungen vervollständigen das Bild.

Die Übungen

Magnolien

Farben:
Echtrosa
Ultramarinblau
Coelinblau
Indischgelb

Technik:
Lasurtechnik
mit Ausarbeitung
in fragmentierendem
Pinselstrich

Bildformat:
46 x 49 cm

oben:
Das fertige Aquarell zeigt nur einen Ausschnitt aus dieser Fotografie. Zudem wurde die Anordnung der drei Blüten im Vordergrund etwas verändert.

rechts:
Die Skizze legt Komposition und geometrische Hintergrundelemente fest.

56

Magnolien

Zu den wohl am prachtvollsten blühenden Bäumen gehört im zeitigen Frühjahr die Magnolie, auch Tulpenbaum genannt. Dieser Name ist wohl auf die Form der großen, mit feinem Rosa überhauchten Blüten zurückzuführen.

Beim Betrachten der Fotografie entstand die Idee, den Hintergrund für dieses Bild in geometrische Flächen aufzuteilen. Entscheidend dafür waren der auf dem Foto sichtbare geradlinige Gartenweg, die Türöffnung im Hintergrund sowie das seitliche Spalier. Zu dieser klaren Aufteilung des Hintergrunds mußte eine Maltechnik für die Blüten, Blätter und Äste gefunden werden, die im Gegensatz dazu steht und Spannung im Bild erzeugt. Ich entschloß mich, den Farbengrund für die Blüten in breiten, nicht formgebundenen Lasuren zu gestalten.

1 Bei dieser Skizze geht es nicht nur darum, die Form der Blüten, Blätter und des Astes zu erfassen. Es muß auch eine Unterteilung des Hintergrunds gefunden werden, die im Einklang mit den Blüten steht. Um diese nicht nur vordergründig wirken zu lassen, ist der obere Ast in feinen Verzweigungen um die senkrechte Strebe gewickelt. Der Bildort, den diese Strebe einnimmt, befindet sich im Goldenen Schnitt (siehe Erläuterung S. 58) und wurde als erstes skizziert. Die Stelle, an der sich der Ast um diese Strebe rankt, schafft optisch die Verbindung des Vordergrunds mit dem Hintergrund. Schraffuren legen bereits die intensiven oder dunklen Farbflächen für das Aquarell fest.

2 Mit der genauen Skizze als Vorbild genügt es, die Unterteilung des Hintergrunds sowie die Umrißlinien der Blüten, Blätter und des Astes mit Bleistift aufzuskizzieren. Zum Auftragen der Farben sollten Sie einen Flachpinsel in Haarqualität von etwa 12 mm Breite verwenden. Beim Malen mit einem Flachpinsel ergeben sich streifenförmige Farbaufträge, die teilweise klar begrenzt sind. Sollten Sie zum erstenmal mit dem Flachpinsel malen, ist es ratsam, den Umgang etwas zu üben.

Als Farben für das Bild benötigen Sie Echtrosa (dem teilweise etwas Ultramarinblau zugesetzt ist) für die Blüten, Grüntöne für die Blätter aus einer Mischung von Ultramarinblau und Indischgelb, sowie Coelinblau und Indischgelb. Die Brauntöne des Astes entstehen aus Ultramarinblau, Echtrosa und Indischgelb.

Mit dem Flachpinsel und verwässertem Rosa malen Sie in expressiven Pinselstrichen die Blüten, ohne auf deren genaue Form einzugehen. Der Malgrund wird nicht genäßt. Die Striche sollten über die Form der Blüten hinausgehen und sie nicht vollständig ausfüllen. Führen Sie den Pinsel dabei vom Knospenansatz in leicht diagonalen Strichen nach oben. Dann mischen Sie unterschiedliche Gelb- und Blaugrünwerte. Die stumpferen Blaugrüntöne setzen sich aus Ultramarinblau und Indischgelb zusammen, die leuchtenden aus Coelinblau und Indischgelb. Ebenfalls vom Ansatz der Knospen ausgehend ziehen Sie auch diese Farben in bewegten Strichen nach außen. Teilweise fließt das Gelb- und Blaugrün ineinander, vermischt sich und ergibt einen neuen Grünwert. Da Sie die Farben

Mit dem Flachpinsel werden nicht formgebundene Farbstriche gesetzt.

Die Übungen

Um die Struktur des Astes darzustellen, wurde unter anderem die Granuliertechnik verwendet.

immer wieder aus dem Pinsel ausmalen, ergeben sich teilweise granulierende Striche.

3   In unterschiedlichen Brauntönen wird nun ebenfalls mit dem Flachpinsel und groben, unterbrochenen Strichen der Ast gemalt. Um die differenzierten Braunwerte zu erhalten, geben Sie Ihrer Mischung teilweise Gelb bzw. Gelb und Echtrosa zu. Nehmen Sie nicht allzuviel Farbe auf den Pinsel und legen Sie den Ast teilweise in Granuliertechnik an. Dadurch entsteht der Eindruck einer genarbten Struktur. Dann muß der Farbauftrag trocknen. An einigen Stellen ist mit der Lasurtechnik die Farbe mit einem weiteren Auftrag dunkler zu gestalten. Verwenden Sie hierzu die bereits angemischten Brauntöne, die etwas mit Wasser verdünnt werden sollten.

Der Goldene Schnitt

ist ein altes Gesetz harmonischer Maßverhältnisse. Er teilt eine Strecke im Verhältnis 13:8. Um diese wenig praktikable Relation zu vereinfachen, können Sie von Aufteilungen im Verhältnis von knapp 2/3 zu gut 1/3 ausgehen. Der Goldene Schnitt läßt sich in der Waagrechten wie in der Senkrechten anwenden.

Magnolien

4 Die nächsten beiden Arbeitsschritte sind wie Zeichnungen, ausgeführt mit dem Pinsel, zu betrachten. Benützen Sie dafür den Rundpinsel Nr. 7 oder 9. Er muß über eine gute Spitze verfügen, so daß sich auch feine Linien malen lassen. Die Wahl eines stärkeren Pinsels hat hier den Vorteil, daß mehr Farbe aufgenommen und dadurch zügiger gemalt werden kann. Es entfallen das Eintauchen in kurzen Abständen und die häufige Unterbrechung des Pinselstrichs.
Mit feinen Pinselzügen in intensivem Echtrosa geben Sie den Blüten Form, ohne auf die Farbgebung des Untergrunds Rücksicht zu nehmen. Orientieren Sie sich dabei an Ihrer Bleistiftskizze.

5 Für das Laub mischen Sie einen blaugrauen Farbton, indem Sie Ihrem Blaugrün mehr Echtrosa zugeben. Behutsam und in feinen Strichen malen Sie dann die Blätter und detaillieren diese zum Teil. Auch hier sollten Sie sich innerhalb wie außerhalb der Untergrundfarbe bewegen. Genauso arbeiten Sie mit demselben Farbton den Ast aus, fügen ihm Strukturen und Details hinzu. Auch hier gilt es wieder, das notwendige Maß der Ausarbeitung zu finden. Es sollten nur so viele Pinselstriche vorgenommen werden, daß die Formen der Objekte zum Ausdruck kommen.
Wenn die Farben auf Ihrem Bild trocken sind, können Sie mit der Gestaltung des Hintergrundes beginnen. Mischen Sie hierfür ein Violett aus Echtrosa und Ultramarinblau an. Beginnen Sie im rechten unteren Teil, setzen Sie die Farbe satt an den Kanten an und ziehen Sie diese mit Wasser nach außen. Die feine Querlinie bleibt trocken und weiß stehen, und so entsteht ein starker Hell-Dunkel-Kontrast.

Die Ausarbeitung der Blüten erfolgt mit zeichnerischem Pinselstrich.

Feine Detaillierungen werden für Blätter und Ast vorgenommen.

59

6 Malen Sie Stück für Stück den Hintergrund weiter aus. Wo starke Kontrastwirkungen auftreten sollen, verwenden Sie die Verlauftechnik. Mit feinen, dünnen Linien festigen Sie an manchen Stellen die Form der Längs- und Querstreben. Versuchen Sie dabei, Ihren Pinsel mit möglichst geradem Strich zu führen.

Fleckenhafte Lasuren in Längs- und Querführung, die mit dem Flachpinsel ausgeführt werden, sorgen für zusätzliche Belebung. Auch hier ist es wichtig, rechtzeitig aufzuhören.

Detail 1 (oben)
Dieses Detail zeigt, wie der Ast mit Pinselstrichen an Struktur gewinnt, Narben und Risse deutlich werden.

Detail 2 (unten)
In der vergrößerten Wiedergabe der Blüte ist die zeichnerische Ausarbeitung mit dem Pinsel besser ersichtlich. Beachten Sie die nur teilweise vorgenommenen Detaillierungen und unterschiedlich starken Lasuren des Hintergrunds.

Magnolien

Der Hintergrund ist in Lasur- und Verlauftechnik gemalt.

Spannen und Rahmen

Das Aquarell wird mit der Bildseite auf die Platte gelegt.

Das Aquarell wird auf der Rückseite genäßt, ohne daß sich etwas auf der Vorderseite verändern kann.

Damit das nasse Papier möglichst glatt liegt und damit sich keine Wellen oder Tüten in den Ecken bilden, wird eine Glasplatte daraufgelegt.

Nun wird das Bilderklebeband in gesamter Länge – am besten mit einem Schwamm – genäßt.

Spannen und Rahmen

Spannen

Dazu benötigen Sie folgendes Material:
- eine Span- oder Hartfaserplatte – weder beschichtet noch lackiert oder gewachst und größer als das fertige Aquarell
- eine Schere
- sauberes Wasser
- einen Schwamm und
- eine weitere Platte, die etwas kleiner als Ihr Bild ist.

Zum Spannen Ihres Aquarells legen Sie das fertige Bild mit der bemalten Seite auf die Spanplatte, die unbearbeitete Rückseite zeigt nach oben. Dann sollten die Klebebandstreifen für alle vier Seiten etwas länger zugeschnitten und bereitgelegt werden.

Nässen Sie mit dem Schwamm die Rückseite Ihres Bildes gleichmäßig an; durch die Feuchtigkeit dehnt und wellt sich das Papier. Um die Papierfläche gleichmäßig an die Ränder zu drücken, legen Sie die zweite, etwas kleinere Platte auf das Bild. Das Papierklebeband wird ebenfalls mit dem Schwamm angefeuchtet und so auf die Ränder des Aquarells geklebt, daß jeweils die Hälfte auf dem Papier, die andere Hälfte auf der Holzplatte aufliegt. Streifen Sie das Klebeband gut fest und lassen Sie Ihr Bild langsam bei Zimmertemperatur trocknen. Erst nach vollständiger Trocknung können Sie es mit einem scharfen Papierschneidemesser oder Cutter von der Holzplatte abtrennen.

Das Bilderklebeband wird halb auf das Papier und halb auf die Platte geklebt.

Passepartout

Ein wichtiger Schutz für das Aquarell ist das Passepartout. Im Handel sind fertig zugeschnittene Passepartouts in Normgrößen erhältlich, die aber den Nachteil haben, daß Sie mit der Größe Ihres Bildausschnitts festgelegt sind. So ist es manchmal unumgänglich, die passenden Passepartouts selbst zuzuschneiden.

Schneiden von Passepartouts ohne Schrägschnitt

Dazu benötigen Sie folgendes Material:
- Passepartout- oder Bristol-Karton, weiß oder in passendem Farbton, Papiergewicht etwa 490 g/m² (das Passepartout sollte allseitig mindestens 10 cm größer sein als Ihr Bild)
- ein Metallineal
- eine harte, glatte Unterlage (evtl. Glasplatte) zum Schutz des Arbeitstisches
- einen Cutter oder ein Papierschneidemesser
- Klebeband.

Legen Sie die Größe des Bildausschnittes fest und achten Sie darauf, daß er auf allen vier Seiten mindestens 1 cm kleiner als das fertige Bild ist. Übertragen Sie diese Abmessungen auf den Passepartout-Karton. Mit Metallineal und Cutter schneiden Sie dann das Fenster aus.

Ihr Aquarell besitzt vom Spannen auf allen vier Seiten einen Rahmen aus Bilderklebeband. Dieser verhindert das Durchschlagen von Klebstoffen, so daß Sie das Bild an allen vier Seiten unbesorgt mit einem Klebestreifen auf der Rückseite des Passepartouts befestigen können. Achten Sie darauf, daß vorne im Fenster genau der von Ihnen gewählte Bildausschnitt sichtbar wird. Zum Aufhängen sollte das Bild mit dem Passepartout unter Glas gebracht und gegebenenfalls mit einer passenden Rahmenleiste eingefaßt werden. Ungerahmte Bilder, ob mit oder ohne Passepartout, bewahrt man am besten liegend in einer Mappe auf.

Ausführlichere Anleitungen zum Spannen und Rahmen können Sie dem Buch »Aquarellmalerei für Einsteiger« sowie »Besser aquarellieren«, Augustus Verlag, entnehmen.

Ein Aquarell sollte gespannt und absolut glatt gerahmt werden. Da auch bei allseitig verleimten Blocks eine leichte Wellenbildung nicht vermieden werden kann, sollten Sie es sich zur Gewohnheit machen, Ihr Bild nach Fertigstellung aufzuspannen.

Die Deutsche Bibliothek –
CIP-Einheitsaufnahme
Eisenbarth, Barbara:
Blumen :
Schritt-für-Schritt-Anleitungen ;
Übungs- und Lernprogramm ;
auf Blumenmalerei abgestimmt /
Barbara Eisenbarth. – Augsburg :
Augustus-Verl., 1996
 (Aquarell Workshop)
  ISBN 3-8043-0354-4
NE: HST

Das Werk einschließlich aller seiner Teile ist urheberrechtlich geschützt. Jede Verwertung außerhalb des Urhebergesetzes ist ohne Zustimmung des Verlages unzulässig und strafbar. Das gilt insbesondere für Vervielfältigungen, Übersetzungen, Mikroverfilmungen und die Einspeicherung und Verarbeitung in elektronischen Systemen. Es ist deshalb nicht gestattet, Abbildungen dieses Buches zu scannen, in PCs oder auf CDs zu speichern oder in PCs/Computern zu manipulieren, es sei denn mit schriftlicher Genehmigung des Verlages. Die im Buch veröffentlichten Ratschläge wurden von Verfasserin und Verlag sorgfältig erarbeitet und geprüft. Eine Garantie kann dennoch nicht übernommen werden. Ebenso ist die Haftung der Verfasserin bzw. des Verlages und seiner Beauftragten für Personen-, Sach- und Vermögensschäden ausgeschlossen.
Jede gewerbliche Nutzung der Arbeiten und Entwürfe ist nur mit Genehmigung der Verfasserin und des Verlages gleichzeitig gestattet.
Bei der Anwendung im Unterricht und in Kursen ist auf dieses Buch hinzuweisen.

Umschlaggestaltung:
Rainald Schwarz, München
Lektorat: Eva-Maria Müller, Augsburg
Layout: Michael Stiehl, Augsburg

AUGUSTUS VERLAG AUGSBURG 1996
© Weltbild Verlag GmbH, Augsburg

Satz: Gesetzt aus der Gill Sans beim satz-studio gmbh, Bäumenheim
Reproduktion: Repro Mayr GmbH, Donauwörth
Druck und Bindung: Appl, Wemding
Gedruckt auf 135 g umweltfreundlich elementar chlorfrei gebleichtes Papier.

ISBN 3-8043-0354-4
Printed in Germany